JN411995

내가 본 꽃들을 그대에게

박금심 감성시집

내가 본 꽃들을 그대에게

이지출판

● 추천의 글_ **윤보영** 커피시인

박금심 시인은 시를 즐길 줄 압니다.

시를 읽다 보면 시 속에 여유가 담겨 있고, 그 여유는 결국 독자가 시의 주인공이 될 수 있게 이끌어 읽는 맛을 더해 줍니다.

참 바쁜 일상을 사는 우리는 시를 읽으면서도 작가를 따라 허둥대며 달려가는 듯한 느낌을 받을 때가 있습니다. 독자인 나 자신도 바쁘게 살다 보니 그런 흐름을 당연하게 받아들이곤 했습니다. 하지만 박금심 시인은 첫 시집 《내 영혼을 사로잡은 그대에게》에 이어 두 번째 시집에서 그 여유를 담아냈습니다.

첫 시집이 두려움과 긴장감 속에서 세상에 나왔다면, 이번 시집은 앞서 말한 그 여유가 자연스럽게 스며든 시집입니다. 그런 의미에서 시를 쓰고 싶어도 용기를 내지 못해 주저하는 분들에게도 권합니다.

이렇게 멋진 시를 쓴 시인과는 '윤보영감성시학교'에서 처음 만났습니다. 감성시집 발간을 목표로 세우고 더 좋은 시를 쓰기 위해 꾸준히 노력했습니다. 그 결과 이처럼 멋진 두 번째 시집이 탄생했습니다.

박금심 시인이 시집을 발간할 수 있도록 응원해 준 가족들에게도 깊이 감사드리며, 앞으로도 시인이 감성시를 계속 써서 사람들 가슴에 행복을 담아 주는 아름다운 시인이 될 수 있게 늘 곁에서 함께하겠습니다.

감사합니다.

2026년 새해

● 축하의 글_ **이나라 사무엘** 샌프란시스코 성마이클 한인성당 주임신부

엘리사벳 박금심 자매님의 두 번째 시집 출간을 진심으로 축하드립니다. 바쁜 일상에서도 펜을 놓지 않고 창작의 고통을 넘어 기쁨을 발견하시는 자매님의 문학에 대한 열정에도 찬사를 보냅니다. 그 인내의 시간이 시집이라는 결실을 맺게 되어 기쁩니다.

저와 자매님의 인연은 5년 전 성당의 주임신부와 봉사자로 시작되었습니다. 성당의 크고 작은 봉사를 기꺼이 맡아 오신 자매님은, 봉사자로서의 부르심에 언제나 "예"로 응답해 오신 성실한 신앙인이셨습니다. 성당 공동체의 요청에 한 번도 뒤로 물러서지 않고, 묵묵히 자신의 자리를 지켜 오신 모습은 많은 이들에게 깊은 신뢰와 감사를 남겼습니다.

어느 날, 자매님께서 첫 시집이 나왔다며 건네 주신 책을 받아들었을 때, 솔직히 저는 조금 놀랐습니다. 외적으로는 늘 힘이 넘치고 곧은 인상이셨기에, 그 내면에 이처럼

부드럽고 섬세한 시상이 숨 쉬고 있으리라 미처 헤아리지 못했던 것입니다. 수년간 성당에서 함께 봉사하면서 자매님의 외적인 강인함과 내적인 부드러움이 다르지 않고 하나의 신앙안에서 자라온 것을 확신하게 되었지요.

하느님의 말씀에서 길어 올린 천상의 보물들, 성당의 여러 봉사에서 기도와 섬김으로 보내 온 시간들, 자연과 사람 속에서 발견한 감동과 사유들이 다듬어지고 생명을 얻어 세상에 나왔습니다. 부디 박금심 엘리사벳 님의 시 한 편이 하느님께 기쁨이 되고 이웃들에게는 위로가 되기를 바랍니다. 자매님의 시인이자 신앙인의 여정에 하느님의 은총이 함께하기를 기도드립니다.

2026년 새해

● 시인의 말

저의 노래가
봄을 알리는
휘파람새 같으면 좋겠습니다.
그 노래 들으며
당신이 웃으면 그뿐!

제가 본 꽃들은,
이 세상 애쓰는 것
존재 자체인
아름다운 것들입니다.
그 꽃들을 그대에게 보냅니다.

하늘을 향해 가는 길에
무지개로 떠오르는 당신!
별처럼 빛나는 그대에게
꽃다발을 바치듯
저의 노래를 띄웁니다.

제 영혼이 머문 자리에 함께한 하느님, 사람, 자연, 사연들

감성시로 나비효과를 주시는 윤보영 시인님
시를 소중한 책으로 엮어 주신 이지출판 서용순 대표님
영혼의 뜨락에서 시로 만나는 독자분들

어디서나 꽃을 피워 주시는 행복한 주님의 사제!
이나라 사무엘 신부님

저의 삶의 최상의 행복,
감사함의 모두이신
하느님!

마음을 담아 깊이 감사드립니다.

2026년 새해 고삼호수에서
봄을 기다리며 박금심

● 차례

제1부 그대 대신 웃어 주는 꽃

제2부 내 가슴에 뜬 달

제3부 웃음이 되어 주는 이름

제4부 언제나 깨어 있는 그대 품

제5부 행복한 이유

제1부

그대 대신 웃어 주는 꽃

안개꽃

안개꽃이 되고 싶습니다
그대를 더 아름답게 만드는
하얀 안개꽃이 되고 싶습니다

어디를 가도
당신을 돋보이게 하는 꽃
그대를 위한 사랑이 되겠습니다

아름다운 풍경

애쓰는 건 모두 아름답습니다
늘 말없이 서 있는 나무가 그렇고
서리 내린 들판을 빛으로
종일 어루만져 주는 것도 그렇습니다

산뜻한 기분을 선물하는
맑은 하늘이 그렇고
새해를 알리는 종소리가 그렇습니다

혼자 아파하다가
애써 웃어 주는
눈이 고운 그대여!

사랑을 위해
사랑하는 사람을 위해
여기서 지금
그렇게 애쓰며 있었군요

내 앞에 펼쳐진
애쓰는 건 모두
아름다운 풍경이 됩니다

간절한 사랑

그대를 감동하게 하는 것은
내가 본 꽃을
모두 바치는 일입니다

사람의 마음을 연다는 것은
오랜 시간 수없이 드린 기도가
이루어지고 있는 것입니다

사랑하는 사람을
웃게 만드는 것은
받고 싶은 보물들을 구해
건네는 것과 같습니다

내 사랑이 그랬듯
그렇게
그렇게
사랑은 간절함이 있어야 합니다

풀꽃의 마음

어디서나 피는 꽃
이름이 없어도 괜찮은 꽃
그대 생각하며 걷는 길에
그대 대신 웃어 주는 꽃

내 가슴에
소리 없이 피는 꽃
사랑한다 말 안 해도
사랑하는 것을 아는 꽃
내 안에 핀
너라는 꽃

어울림

모여 핀 꽃이 예쁘다

길가에 핀 꽃처럼
그대 오는 길에
모여 핀 꽃은 모두 정답다

기다림의 텃밭에
박꽃이 모여 피듯
내 안으로
그대 날 찾아오는 길에
환하게 웃음으로 피운 꽃!

그 꽃은
보고 싶은 마음
감추고 있어도
순하다

자기소개

저는
숲을 좋아합니다

그곳에 가면
몸과 마음이 편안해지고
힘을 얻게 되거든요

자주 갈 수 없어서
숲을
가슴에 담아 왔습니다

나도 당신에게
숲과 같은 사람이
되면 좋겠습니다

사랑의 인사

마음 쓸 일도 많을 텐데
기쁜 날이라고
축하 인사를 주시다니요
아픈 날
위로의 인사를 주시네요

종일 햇빛이 다정하고
미소가 흐릅니다
하늘에 무지개가 떠오르고
내 마음에도
예쁜 웃음꽃이 핍니다

이 기쁨
당신의 인사
덕분입니다

보름달과 수국

보름달로
세상의 밤이 환해요
달빛 아래 수국이 피었어요

보름달과 수국이
서로 바라보며 웃네요

한없이 바라보다
그만 둥글게 닮아졌어요

당신과 나
우리처럼요

돌의 꿈

모두가 못 본 돌
그대 위한 디딤돌

모두가 버린 돌
그대의 머릿돌

그 돌
내 안에 놓였다
그리움 아래 놓였다

서향집에서 달을 보며

남향집만 좋은 줄 알았다

무엇이든
누구에서든
그대 생각하고 보면
둥근달처럼 넉넉한데

그대만 있다면
늘 그대 생각만 할 수 있다면
그달이 뜬
하늘도 될 텐데

인간관계

그래
가까이 말자
적당히 멀어지자
그래야 오래 간다
주어진 날까지 간다

우리네 인연이 그런 것 아닌가
가까워지면 멀어지고
멀어졌다 싶으면 가까이 오는 것
가끔은 멀리
떠나고 싶을 때가 있는 것
아니 아예
멀리 떠나가도 그만인 것

주어진 만큼
주어진 때까지
묵묵히 주어진 사람을
품어주고 지켜 주는 것
그리고 어느 날 홀연히
내 길을 떠나는 것이다

이것이 내가 인연인 너를
편하게 받아들이는 이유
내가 사는 길
너를 사랑하는 길이다

상사화

잎 없이 꽃 피고
꽃 지면 잎이 피어납니다
똑같이 피어야 인연인가요
한 줄기에 있으면 인연이지요

같이 피었다가 한꺼번에 지면
행여 보고 싶어 찾아온
그대
섭섭할까 봐

차례로 핀다오
그대를 천천히 기다린다오

애달픈 인연
끝없는 기다림!

꽃길

제가 어디로 가야 할까요
언제까지 가야 하나요?

내 안에서
그대를 불러내
꽃 활짝 핀 길을 걸어갑니다
그대 손을 잡고 갑니다

그대 손만 잡으면
어디나 꽃길이니까요
지금 이 자리도
목적지가 되니까요

수선화

얼마나 정성을 들였으면
저렇게 말쑥한 차림일까

얼마나 오래 기다렸으면
저토록 가녀린 모습일까

외로운 그대를 닮아
자꾸 보는 꽃

유월의 기다림

나뭇잎이 세수하고
꽃들이 말쑥한 모습으로
그대를 기다리는 아침

어서 오세요
제단에 촛불 켜놓고
앞뜰에 정 가득 담아놓고
그대를 기다리고 있습니다

하늘 향해 여름 내내 기다리는
능소화같이
눈이 고운 만인의 연인이여
사슴처럼 뛰어오셔요

가슴에 붉은 장미 가득 피운 채
고운 임 되어
오시는 그대여!

자아도취

내가 좋다
언제 봐도

난 내가 멋지다
볼수록

나와
평생 열애 중!

책상 풍경

음악을 들으며
책을 읽다가

가끔 고개 들 때
잠자리의 곡선을 따라
산의 부드러운 능선을 따라
보는 고운 눈

날 사랑한다는 그대 고백에
연신
뭉게구름처럼 피어나는 미소

붉은 이유

수줍은 건 붉다
그대 얼굴처럼

시작은 붉다
떠오르는 해처럼

한 생애 애쓰는 것도 붉다
노을이나 단풍잎이 그렇듯이

애태우는 것도 붉다
양귀비꽃으로 타오르는
연정이 붉고
여름내 기다리며 피는
능소화도 붉다

좋아하는 사람 앞에서
더 붉어지는 이유
좋아한다는 사실 외에
모르겠다

인연

마주친 눈길에
그만

환한 웃음에
그만

같이 걸어 준 고마움에
그만

당신 영혼에
사로잡히다

웃음 사랑

사랑은
누군가를 위해 웃어 주는 일입니다
그리고 누군가를 웃게 하는 것입니다

당신의 환한 웃음으로
온 세상이 해처럼 밝아집니다
그 모습 보는 이마다 웃고
하느님께서도 웃고 계십니다
즐거운 웃음꽃 세상이 펼쳐집니다

라파엘은
하느님께서 낫게 해 주신다는 뜻이라지요
아프고 힘든 누군가를
당신의 웃음으로 낫게 하는 이름
웃음 치유 천사!

우리 이야기

그대 만나러 오는 길에
어느새 민들레가 핀 걸 보고
웃으며 눈인사했다고 말하고 싶어요
종달새가 총총 날며 지저귀어
노래가 절로 나왔다고 들려주고 싶어요

요즘 그대를 웃게 하는 건
무엇인지 알고 싶어요
오늘 그대 마음을 따듯하게 한 노래는
무엇인지 듣고 싶어요

우리 그런 이야기 해요
마음이 따듯해지는 이야기하며
활짝 웃어요
그러면 오늘도 대지에 꽃을 피우는
봄날이겠지요

꽃의 마음

봄길에
꽃들이 저마다
활짝 활짝 웃는 건
웃을 일이 있어서만은 아닐 것이다

보는 이들 웃으라고
먼저 웃어 주는 것이겠지

웃는 일만 있었으면 좋겠지만
웃을 일이 없어도
웃고 살기를 바라서겠지

누구나 웃으면 봄이다
꽃동산 가운데 산다

꽃자리

꽃 피니
내 마음 피고

꽃 지니
잎새들 피네

꽃 핀 자리
열매 자리

꽃 진 자리
내 마음자리

말에 대한 자세

살면서 사람의 말에
흔들릴 때 있다

아픈 말 듣고 마음에 담고 있다가
힘들면 내던지기도 한다

칭찬에 좋아할 일 아닌 거 알면서
혼자 웃으며 가다 넘어질 때 있다

달콤한 유혹이었다가
비수가 되는 말에
흔들리지 말 일이다

오늘도 내 길을
묵묵히 가는 거다

오월에 물들고 싶다

초록이 고운 오월
같이 있어 물들 수 있다면
나무 아래 종일이라도 좋겠네

말없이 지켜 주는 나무
내가 오기를 기다리는 너를
닮을 수 있다면
매일 와도 좋은데

산야를 취하게 하는 꽃향기
온몸에 퍼져 같아진다면
너에게 취하고 싶다
그 속에 잠들고 싶다

아, 공으로 받는
이 호사를 어찌 감당하랴
오월에 온통 물들고만 싶다고
속삭이고 싶다

그대와의 사랑

가까이 있든 멀리 있든
안부를 물어 주고

아플까 상할까 봐
마음을 읽어 주고

좋은 거 예쁜 거
안겨 주는
그런 그대 품고 사는 거

그런 게 사랑,
그것이 행복인가 봅니다

내 영혼의 한 자락
씻기며
오늘도 그대에게 갑니다

화해의 날에

제가 당신에게
웃음을 주어야 하는데
눈물을 드리다니요

오늘, 당신
웃는 모습을 보지 않고는
잠을 못 이룰 것 같습니다

하루를 마무리하면서
웃는 모습으로 답하는 당신!
당신과 웃으며
서운함을 쓸어내립니다

오늘도
당신과 엮어 가는
사랑의 수

행복한 대답

이 세상
내가 행복하기를
간절히 바라는 이 있습니다

그가 세상 어딘가에서
지금도 나를 위해
기도하고 있습니다

언젠가 한세상
얼마나 행복하게 살다 왔느냐고
내게 물을 것입니다

오늘
웃었던 일들
감동의 순간들
감사하는 마음은
내가 행복하기를 바라는
당신 덕분입니다

이것을 답으로 드립니다

제2부

내 가슴에 뜬 달

약속

그대가 나를 부르던 날
기쁘게 잘 살자고
아름다운 사람이 되자고
그대와 약속했지

흐린 날에
그 약속이 힘을 건넨다
맑은 날에도
그 약속 떠올린다

그대는 나의 기쁨
나의 희망
그 약속 생각하며
희로애락의 강을 잘 건너왔노라고
그대에게 웃으며 말하리

먼 훗날
끝날에!

혼인갱신식

험한 길 따라
그대 손 잡고 걸어온 길

행복을 향해
함께 걷는 긴 여정이여
같이 걸으며
비단길처럼 고와져라
실크로드처럼 즐거워라

다시
첫날처럼 설레는 마음으로
하나 되어 가는 길
끝날까지
그대와 함께 가는 길
가야 하는 길

하얀 비단길을 따라
그대와 손잡고 걷는 길

나팔꽃

아침에
거뜬히 일어나라고
세상을 향해 힘차게 나아가라고
나팔꽃이 나팔을 분다

나팔꽃 행진곡이
울려 퍼지는 대지에서
신나게
씩씩하게
그대를 향해 행진한다
나팔꽃과 합창하며

그대여!
날 받아 주오

백합

내가 백합을 좋아한다고
당신이 봄 뜰에 심었지요

오늘 그 백합이
꽃을 피웠어요
웃는 그대 얼굴처럼
환하게 피었어요

나팔소리 타고
좋은 소식 오려나
행여 그대 오려나

향기가 진해요
혹시 당신!
나에게 기억해 달라고
향기로 오셨나요?

유월의 꽃

고개 높이 든 능소화는
내내 그대를 기다리고
백합은 고운 향기로
그대를 부릅니다

나리꽃이
애틋한 눈빛으로 그런 나를 바라보고
보고 있던 수국꽃은
둥글게 웃고 있습니다

유월은 꽃 마음으로
그대와 함께 아름다워지는 시간!

나무 선물

그대가 보낸 싱싱한 나무
텃밭에 심었습니다
나무가 자라
잎새와 꽃잎에 깃든
그대 눈길을
편지로 보냅니다

꽃이 지고
나뭇가지에 열매가 달린다면
그 편지, 당신이
받았다는 증거겠지요

나무를 심듯
내 마음에 그대도 심겠습니다

나무가 크듯
그대 향한 그리움
커져만 갑니다

고백

자주 당신을 잊곤 합니다
꽃에 취하고
일상에 마음 빼앗기고
사람에게 흔들리고

하지만 있잖아요
그렇다고 당신을
잊은 것은 아닙니다

내 마음에 텃밭에는
당신이 주인으로 있고
나는 농부로 있답니다

간절한 노래

그대에게 할 말이 많아요
다 말할 수 없어
노래로 전합니다

개구리가 밤새워 노래한 것
매미가 밤낮 외치는 것
봄밤 소쩍새가 우는 이유!
이제 알 것 같습니다

못다 한 노래
기도 되어
그대에게 보냅니다

울컥

인마,
왜 그래
내가 있잖아

짝꿍

옆자리 있다고
다 짝꿍인가?
마음자리
차지해야 짝꿍이지

그대 마음이
내 안을 독차지한 것처럼
내가 짝꿍이라고
스스로 인정해야지

세 잎 클로버

길가에 토끼풀이 많다
네 잎 클로버가 행운이라기에
그대에게 주려고 찾아보았다

평범한 일상이 행복이듯
수많은 세 잎이 행운인 것을

나에게 행운은
그대인 것처럼
그대에게 행운은
바로 나인데

무얼 찾는 거야?

웃는 이유

즐거워서 웃고
그대를 웃게 하려고 웃고
그대가 웃으니 웃고

놀라워서 웃고
어려워서 웃고
아파서 웃는다
속으로는 울면서

이래도 저래도
웃을 수밖에
사이좋게 지내려니
내 마음속 그대와
오래오래 잘 지내려니

유혹

창문으로 찾아온
달빛에 먼저 취하고

내 마음 담긴
그대 눈빛에 다시 취해
잠 못 드는 밤!

나는 오늘
그대를
내 가슴에 뜬
달이라 해야겠다

멍든 손톱을 보며

문에 손가락이 끼어
며칠 아프더니
손톱이 검게 변했다
사람들 앞에 손을 내밀 때
머뭇거리게 된다

몸이 불편한 사람들
아픔을 딛고 일어설 때까지
얼마나 힘들었을지
또 세상으로 나설 때까지
얼마나 망설였을까?

누구에게나
숨기고 싶은 아픔이 있다
그래도 아닌 척
오늘을 씩씩하게 사는 거다

세상의 아픈 이들을 위해
마음 한 가닥 펼치는 시간!

바위의 마음

꽃피는 날
같이 웃던 그대 떠나고

그대 웃음소리 퍼지던 자리
하염없이 꽃이 지네

나만 홀로 남아 바람 안으며
기약 없는 그대 기다리네

하늘에서 퍼지는
햇살만 내 위에 가득하네

고마운 바퀴

무거운 짐
쉽게 옮겨 주고

신나게 그리운 사람에게
달려가게 하는 너

세상살이 고단한 몸
가볍게 집까지 데려다 줄
바퀴 같은 그대
나는 안다네
내 안에 있다네!

맨발 걷기

흙길을 맨발로 걷는다
맨발로 걸을 때
발소리 없이 조용하다
넘어지고 다칠까 봐
천천히 걸어야 한다

구두를 신고
소리 내며 걷던
그 시간을 내려놓고
맨발로 걷는 중!

내려놓는 시간 속에서
바쁘게 걸어온 나를 만난다
함께 걷는 너를 만난다

그대 만나는 날

가장 말쑥한 모습
최고의 선물을 들고
당신께 달려갑니다

아름다운 말을 준비하고
가장 밝은 웃음을 앞세워
당신을 만납니다

매일 오늘처럼 신났으면
내일도 그대를 만났으면

그러다 알았습니다
그대가
내 안에 있다는 사실
매일 만나고 있었다는 사실!

관객의 독백

왜 희극을 보면서
눈물을 흘리고
가슴 아픈데 웃음이 날까?

왜 가까이 있는데도
다가갈 수 없고
늘 멀리 있는 그대가
시도 때도 없이
내 앞에 와 있을까?

사랑이니까
당신이 대본을 쓰고
연출과 감독까지 한
드라마니까

행복의 문

나만 홀로 두고 모두 떠나더니
이제는 나만 떠나고 모두 남네요

인생은 어차피 혼자 가는 길
같이 가도 외로운 길

고독은 그대와 만나는
행복의 문!

눈길

그대가 떠나는 날
눈이 내렸어요
사랑하는 사람은
눈길 따라 떠났지요
정든 사람과 이별이
이렇게 힘든 줄 몰랐습니다

그대 떠난 일상!
깊은 동굴 속으로 들어가
겨울잠을 자고 싶습니다

그러나 머지않아
그 동굴에 빛이 비치며
그때쯤
세상으로 나가고 싶습니다

그 하얀 눈길을 따라가다 보면
그리운 사람
만나겠지요
만나야지요

촛불처럼

빛이 좋다

네가 타서 없어질수록
채워지는 따듯함

네가 작아질수록
고요한 세상
빛나는 하늘

언젠가
닮아지겠지
그러겠지

내 안에
촛불을 밝힌다
그대 생각을 비춘다

여생

보고 싶은 사람 만나고 싶다
하고 싶은 거 하며
주어진 시간 아껴 쓰고 싶다

깨끗한 거
아름다운 거
담고 싶다

이제 나의 시간이
얼마 남지 않았다
행복한 시간 속에
사랑하는 사람과 지내고 싶다
나하고 있고 싶다

애씀

모두 애쓴다

움직이는 것
그 자리에 있는 것조차

말하는 것
침묵하는 것은 더욱

사느라 애쓴다
애쓰는 건 모두 예쁘다

나름
하늘을 향한
처절한 외로움!

잎새 한 잎 피기까지

얼마나 힘들었니
네가 피기까지

너를 기다렸단다

얼마나 애썼니
여기 오기까지

누군가 너를 지켜보고 있단다

아기 잎새 한 잎에
경의를 담아 입맞춤하는
산골짝의 봄!

최선

최선은 자기 자신한테
감동할 때 쓰는 말이라 한다
가다 보면
못내 아쉬울 때 있다
잘못할 때도 있다

달리기 경주하듯
꼭 그것이 전부인 것처럼
그렇게 쏟아낸 오롯한 시간들
아낌없이 내어 준 것들

누가 뭐라든
어떻게 생각하든
그것이 나의 최선이었다
내가 할 수 있는
최고의 사랑이었다

언젠가 알게 되면 좋고
영영 몰라도 괜찮다

가을 연가

가을아
오지 마라
단풍 들면
그토록 애지중지하던 잎들 떨굴 테니

가을아
가지 마라
겨울 오면
사랑하는 그대 떠나가리니

가을이여
오고 가라
봄이 오면 그대,
새잎으로 다시 오리니

우리가 그 푸른 나무에서
다시 만나
눈부시게 웃을 테니!

제3부

웃음이 되어 주는 이름

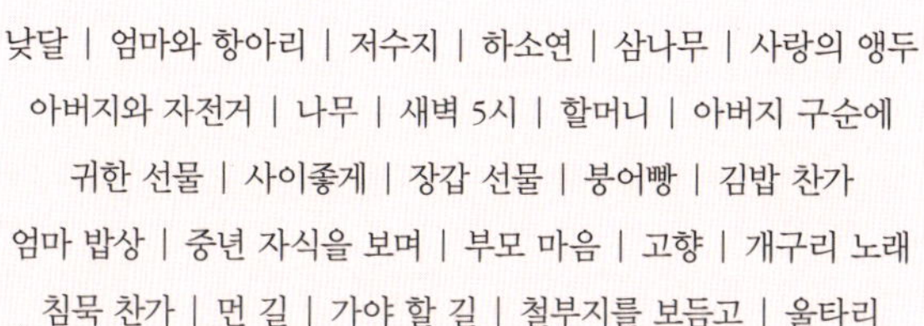

낮달

낮에 뜬 날
시도 때도 없이 떴나

아니
언제나 떠 있는데
내가 못 본 낮달

아,
그대 사랑!

엄마와 항아리

항아리 하면
엄마가 떠오른다

반짝반짝
닦아 놓은 장독대는
엄마 손길로 자란
어린 시절 우리 6남매 같다

자식들의 꿈을 담고
엄마의 사랑을 채우고
항아리마다 웃음꽃이 피어나던 장독대

그 장독대에 가고 싶다
그곳에서 묻고 싶다
내 마음의 항아리에
무엇을 닦을까요?
무엇을 담을까요?

저수지

해마다 모내기 철이 되면
논에 부족한 물을 채우기 위해서
저수지 물을 뺀다

물이 넉넉한 저수지는
논에 필요한 물을 나누기 위해
오랜 시간 물을 품고 있다

아기에게 어머니의 젖줄,
세포에게 영양분을 나르는 모세혈관처럼
언제나 물을 내어주는 저수지

가뭄에 바닥이 갈라져도
비를 기다릴 줄 안다
다시 물이 가득 채워질 것을
미리 알고 있는 저수지는
나의 고향이다

아,
나의 엄마다!

하소연

어릴 때 속상한 일
엄마한테 얘기했었지

어른이 된 지금
내가 나한테
털어놓을 때가 있다

그래요,
맘놓고 일러바칠
당신이 계셨군요

삼나무

하늘로
흐트러짐 없이 곧게 뻗은
삼나무!

초록으로 높이 서서
기대는 사람 보듬어 주는
넉넉한 마음
아버지다!

아버지 품에서
그리움 꺼내 놓고
잠시 웃고 있는 오늘은
아버지를 만난 것이 맞다

사랑의 앵두

앵두가 익어 가는 계절
미소를 지으며
앵두 한 알을 맛본다

학생 시절 아버지가
자취방으로 앵두를 가져오셨지

어린 아들 일기장에
'엄마에게 주려고
까치발로 앵두를 땄다!'
는 내용이 있었지

그 앵두!
지금도
내 안에서 익는다
아버지라는 이름으로
아들이라는 이름으로

아버지와 자전거

어린 시절
아버지가 자전거를 타고
학교에 오셨다

아버지 허리를 꼭 잡고
넓은 등에 기대어
길가에 핀 꽃을 가르며
집으로 가던 길
눈에 선하다

그 자전거
지금도 내 안을 달리고 있다
보고 싶은 아버지란 이름으로

그때처럼
사랑을 싣고!

나무

말없이 서서
기다린다
멀리서 네가 오는 발걸음
놓치지 않으려고
종일 눈을 뜨고 있다

가진 것 모두
아낌없이 주는 나무
행복하라고

가지를 넓게 펴서
그늘을 드리워 주는 나무

아버지!

새벽 5시

열 살 새벽 5시
그물 걷으러 가자고 깨우시던
아버지 목소리가 들리던 시간

어린 날은, 세상을
아버지가 깨웠고
지금은, 천상의
아버지를 그리움이 깨우고

새벽 5시
늘 깨어 있고 싶은
그래서 더 그리운
지금 시간!

할머니

할머니는 따듯함이다

할머니는
어린 날 학교 가기 전에
신발을 화로에 따듯하게 데워 놓으셨습니다
밥을 아랫목 이불 속에 넣어 두셨습니다

예순여섯 이 겨울날,
지금도
그 신발을 신고 세상으로 나갑니다

아랫목에 있던 밥처럼
따듯한 마음을 담고
당신의 사랑을 안고

아버지 구순에

누구보다 열심히 살아오신
아버지의 구십 년 세월
존경합니다

졸음과 가난과 굶주림을 이겨 내고
치열하게 살아오신
아버지의 일생에
감사드립니다

저희 6남매를 키워 주시고 사랑해 주신
아버지, 어머니
고맙습니다

저희도 당신처럼
멋지게 잘 살겠습니다
사랑합니다!

귀한 선물

어버이날
어머니께 선물을 드렸습니다

"네가 최고의 선물이야!"
이 말을
선물로 받았습니다
눈물이 왈칵!

드린 선물보다
백 배는 더 귀해
사용도 못 하고
가슴에 담고만 있습니다

그 선물로
지금까지
마음 부자로 살고 있습니다

사이좋게

아버지가 계실 때
우리는 많이 웃었습니다

아버지가 먼저 참아 주셨고
눈도 많이 감아 주셨다는 사실
아버지가 떠난 후에 알았습니다

사이좋게 지내려면,
아버지 당신처럼
그래야 한다는 걸
알려 주셨습니다

당신 당부처럼
곁에 있는 이들과
사이좋게 지내겠습니다

내 앞에 사람들이
당신이라고 생각하며 웃겠습니다
그때 당신도 한껏 웃겠지요

장갑 선물

올겨울
장갑을 선물 받았다

어릴 때
한쪽을 잃어버리지 말라고
엄마가 장갑 양쪽을
실로 묶어 준 생각이 난다

올겨울 내내
마음의 실로 이어 준 장갑
잃어버리지 않고 있다
잘 간직하고 있다

장갑 속 손가락처럼
따듯한 사랑을
장갑 속에 담아두고

붕어빵

아이를 보며
아빠 닮았다 하면
아빠가 웃고
엄마 닮았다 하면
엄마가 웃는다

닮게 하고 싶은 건 사랑
닮고 싶은 것도 사랑

나도 그대 닮고 싶은데
그대도
나를 닮고 싶을까?

김밥 찬가

외로울 땐 김밥을 만든다

눌리고 말리고 썰릴지라도
모여 있어 괜찮다고 속삭인다
꼭 붙어 손을 잡고 키득거린다
어릴 때 부모님께 꾸중 듣고
볏짚 더미에 숨어 있던 6남매처럼

노랑, 주황, 초록, 빨강, 치자색, 황토색이
서로 즐겁다 한다
모여 있는 환호가
형형색색에 있다

혼자 먹기 좋은 김밥
하늘과 산과 강
나무와 꽃과 새를 바라보며
그대 마음을 읽다

엄마 밥상

어릴 때는 엄마가 밥상을 차려놓고
자식들을 기다리고 있었습니다

밥을 먹기 위해 사는 건지
살기 위해 밥을 먹는 건지
사람들은 힘들 때 묻곤 하지요

밥!
밥이 무엇인지 나의 하루는
밥을 위해 다 써버릴 때가 많습니다
밥거리를 마련하기 위해 일하고
밥을 짓기 위해 써버린 시간이
아까울 때가 있습니다

내가 벌어
내 손으로 밥을 지어 먹을 수 있다는 것이
축복임을 잊은 채
가끔 나는
소설 속 주인공이 되고 싶어 합니다

나에게는
영혼의 밥상을 차려놓고
나를 늘 기다리는
엄마 같은 분이 있다는 걸

오늘에야 알게 되었습니다
이 얼마나 감사한 일인지요

중년 자식을 보며

아장아장 걷던 모습
눈앞에 선한데
어느새 자세가 다르다

솜털 많은
까만 머리털만 기억나는데
흰 머리카락이 보이는 자식

아,
흐르는 세월에 실려
네 모습 변해 가도
너는 언제까지나
내 품속
갓난아기다

내 안에서 자라는
청순한 소년이다

부모 마음

부모는 자식이
친구를 좋아한다고
어이없게 시샘하지 않는다

사랑하는 마음 몰라줘도
솟아나는 샘물처럼
사랑을 멈추지 못한다

자식의 기쁨이
내 기쁨이라며
철부지처럼 굴어도
기다림을 놓지 않는다

자식을 살리기 위해
펠리컨*처럼
심장까지 다 내어주고
말없이 죽어 가는 존재다

부모는!

* 펠리컨 : 사랑과 희생의 상징으로 여기는 새.

고향

아름다운 꿈이 피어나고
해맑은 웃음이 뛰어노는 고향

아기 얼굴처럼
사랑스러운 모습으로
개선장군처럼 웃으며
내가 돌아가 머물 곳

다시 보니
나의 고향은 당신입니다
날 웃게 해 주는
당신 말입니다

개구리 노래

어린 시절
소쩍새와 장단 맞추는 개구리 노랫소리로
산 아랫마을은 마냥 넉넉했다
수제비 담긴 저녁 밥상엔
식구들 웃음소리까지 담긴다

그때, 개구리들은
밤이 새도록 노래했다
왜일까?
부럽다고
우리 집이 부럽다고

그 이유!
동네 키 큰 미루나무는
행복하게 사는 가족이 보고 싶어
잎을 흔들었고
마당에 목련나무도 알면서
시치미를 뗐을 테고

침묵 찬가

꽃이 피는 소리처럼
조용히 말하렴
나무가 크는 소리
들리지 않잖니

환희의 웃음소리
사랑의 노랫소리
쏟아질 때
그때 말하렴

좋아한다고
사랑하고 싶다고

말없이 말하렴

먼 길

저,
이것밖에 안 되네요
죄송해요
이해 못 했던 누군가와
다를 게 없어요

아직도 멀었어요
당신을 사랑하기에는요
그리 오래 기다려도, 당신이
오지 않는 걸 보면 알아요

하지만요
내가 살아가는 이유
찾았어요!
당신이 손을 잡아 준다면
다시 걸어 볼게요

가야 할 길

이러면 어떻고
저러면 어떠한가

무엇이 옳은 길이며
누가 정한 길인가

웃고 가다 보면
길이 있지 않겠는가

참고 가다 보면
환한 앞길
열리지 않겠는가!

철부지를 보듬고

아무 때나 징징대고
사춘기처럼 수시로 덤벼들고
불나방처럼 물불 못 가리고 뛰어드는 너를,
언제까지 봐주어야 하느냐
어디까지 보듬고 가야 하느냐

숯 검댕처럼 내 가슴 까맣게 타들어 가면서
주저앉고 싶을 때도 있다
손을 놓고 싶을 때
하늘을 바라보며
고난의 강을 넘는다

있는 힘을 다해 결승점까지
사선을 넘어 고지까지
철부지를 보듬고 온 나를
그분은 아시겠지

문득!
그분이 보실 때 철부지는 바로 나일 텐데
그래도 그분만은
나를 보듬어 주시겠지
우리를 보듬어 주시겠지!

울타리

울타리를 칩니다
이것은 내 땅
너는 내 것이라고

하지만 이 세상
내 것이 어디 있나요
영원한 것이 있던가요

그렇다고
햇살이 울타리를 넘어와
잠시 머물 듯
내 것 아닌 것이 있나요

보고 싶은 당신을 기약 없이 기다리는
내 그리움 말고
평생 당신과 나눈
사랑 이야기 말고

내 것이라 말할 수 있는 게
어디 있나요?

제4부
언제나 깨어 있는 그대 품

행복한 종 | 바보의 길 | 사랑의 이름 | 새벽 기도
아버지를 사랑하는 마음 | 밤송이 사랑 | 땅 위에서 | 갈림길에서
엠마오 | 사제의 길 | 능소화 | 알밤 | 복된 만남 | 며늘아기
고마운 사람 | 삼나무 품에서 | 행복한 날 | 고래
여행이 좋은 이유 | 메아리 | 천둥과 번개 | 바보살이
줄을 놓으며 | 다시 짓는 거미집 | 보물찾기 | 호사 | 금지 구역

행복한 종

종은 주인 곁에서
주인이 원하는 대로 산다

있는 힘을 다하고
주인의 사랑만 바랄 뿐이다

아!
주인인 그대 사랑
하나만으로
순한 종이 되어 간다

그 사랑 얼마나 크면
끝까지 충성일까?

바보의 길

저를 왜 부르셨나요
바보가 되라고

어떻게 그 길을 가야 하나요
더 바보가 되어야지

이 길은 무슨 길인가요
바보들이 가는 길이란다
하늘로 가는 길이란다

사랑의 이름

우리는 누군가 부르면
가까이서 대답해 주는
사랑하는 사람이 필요합니다
그리고 그리워합니다

세상에서 가장 아름다운 대화
"얘야, 너 어디 있느냐?"
"예, 여기 있습니다.
당신 곁에 있습니다."

"사무엘아!" 하고 부르면
언제나 하는 대답
"예, 저 여기 있습니다.
말씀하십시오.
당신 종이 듣고 있습니다."

누군가 외롭고 어려울 때
혼자 힘들어할 때
부르면 다가가
지팡이가 되고
꽃이 되고
웃음이 되어 주는 이름!

저는 당신이 사랑하는
사무엘입니다

새벽 기도

고요한 새벽이 감사합니다
말도 많고 탈도 많은 세상이라지요

살다 보면 탈이 날 때 많습니다
그때마다 저마다 말을 한다면
세상은 온통 시끄러울 것입니다

내 마음이 이토록 평화로운 건
누군가 하고 싶은 말을 힘들게 참아낸 선물이요
이 새벽이 고요한 건
묵묵히 살아가는
당신 같은 사람이 많기 때문이겠지요

이 고요한 순간!
당신께 속삭입니다
오늘 하루 숱한 탈 앞에서
묵묵히 가야 할 길을 가게 해 달라고요
꼭 말하고 싶으면 당신께만
살짝 말하게 해 달라고요

세상 고요의 한 자락을
넓히고 싶습니다

아버지를 사랑하는 마음

제가 왜
이 길을 가겠습니까
당신이 아니면

제가 어떻게
이 길을 가겠습니까
당신이 없으면

제가 무엇인들
못하겠습니까
당신의 뜻이라면

밤송이 사랑

여름 내내
가시 옷을 입고
가지 위에서
가까이 갈 수 없게
찌르던 당신이

가을날
땅으로 내려와
심장을 드러내며
알밤을
고스란히 내어 줍니다

그동안
당신 마음!
감추고 있었군요

땅 위에서

사는 건 땅을 딛는 일이다
공중에 떠도는 것이 아니다
그렇다고 땅속에 묻혀 있는 것도
아닐 것이다

내 기쁨의 상념이
하늘로 떠 있고 싶을 때
그대는 나를 땅으로 내려놓는다
내 아픔이 땅속으로 꺼져 갈 때도
그대는 나를 땅 위로 끌어올린다

땅은 몸의 중심
마음의 평정
삶의 터전

오늘도 땅 위에서
대지를 달린다
대지를 수놓는다
그대와 함께

갈림길에서

망설여질 때가 있습니다
해야 하나 안 해야 하나
가야 하나 가지 말아야 하나

선택하기 힘들 때가 많습니다
이것이 좋을까 저것이 나을까
이 길을 가야 할까 저 길을 가야 되나

갈림길에 섰을 때
당신께 묻습니다
당신은 이럴 때 어떻게 하실지요
당신 마음에 드는 것이 무엇인지요

당신 뜻에 따르겠습니다

엠마오

엠마오 뜻은
'따듯한 샘'이라지요

엠마오로 가는 길에 예수님을 만나듯
따듯함이 있는 곳에
예수님 계시네요

그대 마음
알 수 없으면 어때요
내 마음도 모르는걸요

내가 따듯한 샘이 되면
그때, 눈이 뜨일지도 모르지요
당신과 함께라면
그리될 거예요

사제의 길

–사무엘 신부님 사제서품 10주년 헌시

세상에 태어나
처음 걸음마를 배울 때
부모님이 오라는 곳으로
첫 발자국을 내딛는 순간!
온 세상이 손뼉을 치며 좋아합니다

어릴 때 들은
응원의 환호 소리
기쁨의 웃음소리
그 소리 듣고 자라 어느새,
즐겁게 뛰어다닐 수 있게 되었습니다

수많은 길 중에 저는
당신이 부르신 이 길을 묵묵히 걸어갑니다
아기 때 이리 오라던 부모님 목소리처럼
당신의 목소리 따라
한 발자국씩 앞으로 나아갑니다

사제 서품 후 10년 동안
사랑하는 당신과 동행하는 감사한 날들
거룩한 외로움 속에서도 행복합니다

당신과 함께
사랑이라는 돌다리들을 무사히 건너고 난
먼 후일
달릴 길을 다 달려
의로움의 면류관을 받고 싶습니다
저를 사랑하는 당신께 받게 될 것입니다

그날에도 기쁨의 웃음소리!
온 세상에 널리 퍼질 것입니다
천국에까지 울려 퍼질 것입니다

능소화

나무 꼭대기에 올라
누굴 찾나요
나 여기 있어요

긴긴 여름 내내 밖에서
누구를 기다리나요
이미 당신 마음에 있는데

알밤

산길에 알밤이 있다
다람쥐며 청설모는
먹거리로 여기고 좋아하겠지

떨어진 채
더 머물고 싶은 알밤!
머물다
밤나무가 되고 싶겠지

사람 눈에 안 보이는
깊은 수풀 속에 알밤을 놓아 주며
다시 걷는 가을 길!

두고 온 알밤이
내 가슴에서
밤나무로 자란다
사랑으로 자란다

복된 만남

–자식의 결혼을 위한 축시

우리가 가는 길에는
수많은 만남이 있습니다
잠시 스치는 사람
마음이 통하는 친구
잊지 못할 은인이 있습니다
그리고 소중한 가족이 있습니다

길가에서 춤을 추는 나비를 본 것이
우연이 아니듯
한 번의 만남도 귀할진대
평생을 함께하는 부부의 인연은
얼마나 고귀하고 복되겠습니까
또한 이 얼마나 위대한 일입니까
세상을 이어가는 창조의 한 페이지가
여기, 열리고 있어
감사합니다

둘이 손잡고 가는 길에
행여 돌부리를 만나게 되면
서로 치워 주고
강을 건널 때 다리가 되고
산을 넘을 때는 어깨를 내어 주며 갑니다
서로에게 꽃이 되어 마냥 웃어 주고
등을 기댈 수 있는
나무가 되어 주면 좋겠습니다

고운 영혼의 뜨락에 피어 있는 꽃과
정성껏 가꾸어 온 나무와 열매를
그대에게 바칩니다
부부가 되어 함께 가꾸어 가는 낙원은
길이 아름다울 것입니다
그 나라에서 내내 행복할 것입니다

며늘아기

첫 만남!
느낌이 좋다

거베라꽃을 건네며
꽃말이
'당신을 만난 건 행운'이라 한다

서로를 귀하게 여기는 인연으로
강물이 되어 굽이굽이 흘러가리라
바다에 닿을 때까지

고마운 사람

그가 떠나기 전 나에게
고맙다는 인사를 합니다
마음이 환해지면서
생각할 때마다 미소가 흐릅니다

떠날 때 고맙다는 인사가
따듯하게 내내 남아 있습니다

내가 떠난 후에라도
누군가에게 고마운 사람으로
남고 싶습니다

마음이 고와지는
고맙다는 말을 남겨야겠습니다

삼나무 품에서

멋진 네가 그리워
널 보러 제주에 왔다

욕심으로
보잘것없고 비틀어진 것들은
네 뿌리에 묻고
시원스레 곧게 뻗은 너와
한세상 시름 달래본다

사랑하고 싶은 마음을
닫아 버린 배신 앞에
잠 못 들던 날들도
삼나무 끝으로 날려 보낸다

오직 하늘 향해
언제나 깨어 있는 네 품에서
꿈꾸고 싶다

행복한 날

비가 와도 좋고
비가 그쳐도 좋은
제주도!

새순이 눈부신
사월 속에 있다
웃는 그대와 있다

그대 사랑이
내 가슴에 꽃으로 피어 있는데
더 이상 무엇을 바라야 할까?

지금 이 순간을
행복이라 안 하면
언제 말할 수 있을까?

고래

고래를 보기 위해
바다에 왔다

기다리고 기다려도
고래가 나타나지 않는다

고래를 보았다고 해서
무엇이 좋아질까?
고래를 못 보았다고
달라질 것은 없다

죽은 새끼 고래를
한 달 동안 업고 다녔다는
엄마 고래 이야기

가슴에 바다를 만들고
이야기 속 고래를 담아 왔다

여행이 좋은 이유

여행을 가면
환하게 웃는 그대 얼굴
마음껏 볼 수 있어 좋고

그대 옆에 있는 나도
설렌 마음으로
실컷 웃을 수 있어 좋고

그대 웃고
내가 웃고
스쳐 지나가는
나무들까지도 잎을 흔들어
웃어 주는 여행

그대와 함께 떠나는 여행은
언제나
즐거운 날!

메아리

산에 가면
만나는 친구 있다
"보고 싶어"
메아리가 답을 한다
"보고 싶어"

큰 소리로 외쳤는데
그리 오래 외쳤는데
늘 같은 답
"나도"
"나도"

엄마가 아기에게
가르쳐 주는 첫 말
"엄마"
"엄마"

실컷 소리쳐 봤으면
목이 터져라 외쳐 봤으면
"난 네가 좋아"
"난 네가 좋아"

천둥과 번개

천둥 울리면
번개 치고

그럴 때마다
잘못한 일 없나?
가슴에 천둥
머리엔 번개

그때 생각나는 사람
진정 사랑하는 그대!

바보살이

아는 게 없으면 바보라 했지
아는 걸 아는체해도 바보인 세상
모르는 체 바보로 사는 것이
세상 한 자락 조용하겠지

나설수록 고단하고
말할수록 더 바보가 되니
침묵하며 살다 보면
웃을 날 오겠지

그 웃음!
하늘까지 닿겠지

줄을 놓으며

이제
그만

그만하면 됐다
있는 힘 이상 다했다

생명줄 같은 너를 꽈악
붙잡던 긴 시간
이제야
너를 놓는다
너를 보낸다
잘 가라

탯줄을 놓고
이제
나도 떠난다
새로운 세상으로 나간다

다시 짓는 거미집

애써 지어 놓은 집
바람이 찢어 놓고
사람들이 쓸어 내고 걷어 낸다

오늘도
흐트러짐 없는 모양과 간격으로
다시 짓는 노고가
어김없이 이어진다
겨울이 올 때까지 그러할 것이다
살아 있는 동안 멈추지 못할 것이다

사는 동안 일터요
생사가 달린 집을 지킨다는 것이
얼마나 힘든 일인가
저토록!

거미집을 짓는 풍경을
오래오래 바라보며 드는 생각
거미의 노고를 생각해서라도
거미줄을 함부로 걷어 내지 말 일이다

보물찾기

동화 속 보물을 찾으러 간 아이들처럼
매일 보물을 찾아 나섭니다

누구든 아름다운 보물을 간직하고 있지요
깊숙이 감춰진 그걸 발견하는 이는
행운아입니다
따듯한 마음을 보는
밝은 눈을 지녀야겠어요
오랜 시간 정성을 바쳐야 하겠지요

언젠가 빛나는 보물을 발견하고 나면
세상을 얻은 듯 기뻐합니다
그걸 인연이라 하기도 하고
사랑이라 불러도 좋겠습니다

그런 눈을 간직한 사람은
행복한 사람입니다

호사

로키산맥
아니, 한라산
그저 뒷동산으로 족합니다

화려한 식사
아니, 김밥 한 줄
그저 굶지 않는 것만으로도
감사합니다

지금 살아 있다는 것
당신의 자녀라는 것
사랑을 심어 주는 당신이 있어

제게는 호사입니다
벅찬 호사를 누립니다

금지 구역

가고 싶어도
가지 말아야 하는 곳

가까워도
거기까지만

보고 싶어도
인제 그만!

제5부

행복한 이유

독수리

독수리는 알고 있다
참새가 모르는 것을

독수리는
다 보고 있다
산 아래 풍경을

독수리는 날고 있다
그대 찾는 나처럼
푸른 창공을 향해
높이!

소쩍새

밤새
노래하는 걸까
우는 걸까

그립다고
아프다고

새벽녘
문득
'내가 혼자가 아니었구나!'

숨

이제야
숲속에서
편안하게 숨을 쉰다

지금까지 달리면서
숨까지 몰아쉬며 살았다
참느라 한숨 쉬고
살아내기 위해 숨죽이고
그렇게 살았다

이제 무엇이 힘들랴
무엇이 무서우랴
당신과 함께인데
나를 사랑하는 당신이 있는데

지금 당신은
행복을 내미는 나의 숲!

재회의 꿈

그림자처럼
같이 있던 그대!
신기루처럼 사라졌다

꿈인가?
언제 다시 볼까
어떻게 만나고
어디서 볼까

나는 여기 그대로인데
우리가 만났던 자리
잊으면 안 되는데

그 자리
그대로 지키면
언젠가 보겠지
꿈쩍 않고 있으면
만나겠지!

떠나는 자에게

떠나는 자여
말을 하지 말아라
그래야 끝까지 아름답다

그래도 하고 싶으면 불 속에 태우라
남았거든 강물에 버려라
그래도 하고 싶거든
변명이 되지 않게
하늘 향해 외쳐라

말없이 떠나는 자여
그대 마음
그대가 하고 싶은 말
하지 않아도
하늘은
다 듣고 있다
다 알고 있다

길을 묻다

보고 싶지 않은 거
안 보려고 나왔더니
보고 싶은 걸
못 보는구나

좋은 줄 알고 쫓아갔는데
별것도 아닌 게 더 멀리 날아간다

아,
하고 싶은 대로 살 수 없고
좋은 것만 쫓을 수 없다네

오늘도
내가 가는 길을 보고 있는
그대에게
길을 묻는다

안부

우리가 사는 세상에 아침이 왔습니다
당신 계신 세상에도
아침이 오기를 기다려 안부 전합니다

그곳에도
풀이 자라고 나무들도 서 있겠지요
하늘은 푸르고
가끔 뭉게구름도 피어나겠지요

어떤 꽃들이 피어
나 대신 웃고 있을까요
무슨 새들이
우리 대신 노래할까요

그 세상에도
달과 별이 뜨겠지요
그 달을 보며
혹여 제 생각 하실는지요

아무려면 어때요
당신이 행복하다면
그뿐입니다

돌아가기 위해

산다는 건
돌아가기 위해 애쓰는 것
아픈 것도
늙는 것도

잘 돌아간다는 건
수국 같은 꽃송이를 피워
보여 주는 것
알알이 영근
포도송이 열매를 키워
먹이는 것

그래서 누군가를
웃게 하는 것

그런 다음
나도 웃으며
그대에게 가는 것

방문

당신을 찾아갑니다
산을 넘어
당신이 산다는 마을을 향해

모든 것 뒤로하고
오직 당신에게 집중하는 시간

환하게 웃을 사랑하는 그대를 위해
오랫동안 가꾼 꽃들을 바치는 손을,
잡아 주는 감격!

만나 같이 웃음꽃이 핍니다
마음이 따뜻해지는 때입니다

꽃에 취하다

꽃동산이 태풍처럼
너울성 파도처럼 밀려온다

나가도
들어와도
온통 꽃내음에 젖어
몸 둘 바를 모르겠다

꽃은 봐야겠으나 눈이 부시고
마음은 쉬고 싶으나 온통 꽃에 가 있다

때론 주체할 수 없는 이 꽃 계절이 버겁다
꽃이 지면
그제야 편히 잘 수 있을 것 같다

꽃 지면 연초록 잎이 나와
다시 정신을 잃게 하니
언제 제 정신으로 사나
사시사철
취해 사는 거지 뭐

동그라미 연정

오늘도
동그라미를 그린다

둥근 해로 아침을 맞이하고
온종일 마음을 둥글게 깎아내고
깎아내린 파편들을 주워 보기도 하다가

조금씩 둥그러진 제모습에
둥글게 웃어보는 하루의 끝

둥근 것을 보고
둥근 것을 먹고
둥근 것과 놀다
둥글어져 가는 나날

메모

어디서나
무슨 일이든 메모

언제나
무얼 하든
그대 생각!

마음속 메모 습관

고수

고수는 흔들려도
흔들려 보이지 않는다

속마음을 보여 주지 않을 뿐
속으로 울고 속으로 웃는다

날 믿어 주는
그대는 다 안다
날 사랑하는
그대만 안다

다행이다

기운

밥을 먹고
잠까지 잤는데
기운이 나지 않는다

혹시
사랑이 모자랄까?

좋다,
그때처럼
그대 생각
더 하는 거다

차단기 통과 방법

요즘 어디나 차단기가 서 있다

어릴 때
학교에서 집으로 갈 때
짓궂은 남자아이들이
길을 막고 서 있곤 했다

그때 나는
엄마한테 가게 해 달라고
애원했다

차단기가 어디 가느냐고 묻는다
사랑하는 사람
만나러 간다고 말하면
앞을 막아선
차단기
열릴 수 있을까?

자가 격리 중

세상에서 나를
기억하고 사랑해 줄 사람
얼마나 있을까

힘들 때 나와 함께 있어 줄 사람
누구일까

마지막까지 내 손을 잡는 이
누구일까

그런 사람
나는 갖고 있는가
나는 누구에게
그런 사람이 될 수 있는가

그걸 알게 해 준
소중한 시간!

설거지한 후

음식을 담은 그릇은
누군가 맛있게 먹어 주고
자기를 비워 줄 때 기분이 좋다

자기 역할 다하고
다시 담길
음식을 기다리는 빈 그릇

우리 일상도 빈 그릇!
밤이 되면
담긴 오늘을 비우고
다시 웃는 내일을 기다린다

우리 일상도
내일을 기다리는 닦은 그릇처럼
표정이 밝았으면 좋겠다

놀람의 말

무지개를 볼 때마다– 와
멋진 경치 볼 때 자꾸 나오는 탄성– 햐
꿈에 그리던 너를 만나는 순간– 아

부담스러운 것과 마주칠 때– 으
징그러운 것을 보고 저절로 나오는 비명– 악
'이렇게도 사는구나' 하며– 흑

하루 놀람을 지나온 터널 앞에서– 휴
그리고 닫는 말– 음

반전

이제
더 놀랄 일 있나
더 아픈 일 있을까
더 힘든 일 있으려나

바닥까지 갔다가
다시
올라오는 거다.

더 좋아질 일만
남았다

가위

필요 없는 걸 잘라야 할 때가 있다
속시원히 싹둑 자르고 싶은 것이
지저분한 머리뿐이랴

어쩌다 잘못 잘라 속상할 때도 있다
머리야 다시 자란다지만
한번 자른 사람 마음
다시 자랄까?

가위질을 잘못한 탓이지
가위는 아무 잘못 없다

공인중개사

보금자리
좋다 할 때
보람 있다

복음자리로
피어나길 바라며

25년 이 길을
감사히 걷는다

2분

신호등이 바뀌는 시간 2분
길다고 느낀다

2분마다
그대를 생각했으면
그것도
짧다고 느꼈으면

마라톤

달리다가
포기하는 당신
얼마나 힘들었을까요

끝까지
완주한 당신은
또 얼마나 애썼을지요

모두 박수!

겨울나무

홀연히 다 내려놓고
의연히 모두 떨구고

서 있는
선(線)의 진실

새봄을 위한
무게의 절제

하늘을 향한 위대한 고독!
아름다운 겨울 풍경

행복한 이유

같이 가자고
변치 말자고
약속했던 우리는

오늘도
그 약속
지키고 있는 중!

내가 본 꽃들을 그대에게

펴낸날　초판 1쇄 2026년 1월 5일

지은이　박금심
펴낸이　서용순
펴낸곳　이지출판

출판등록　1997년 9월 10일
등록번호　제300-2005-156호
주소　03131 서울시 종로구 율곡로6길 36 월드오피스텔 903호
대표전화　02-743-7661　팩스 02-743-7621
이메일　easy7661@naver.com
창작지도　윤보영감성시학교
디자인　김민정
인쇄　ICAN
물류　(주)비앤북스

값 14,000원

ISBN 979-11-5555-276-6 03810

박금심 감성시집

내가 본 꽃들을 그대에게